何かお手伝いしましょうか

～目の不自由な人への手助けブック～

はじめに

2011年の夏も、うだるような暑さが続いていた。そんな8月のある日、僕は新宿のホテルの喫茶ラウンジにいた。僕の前にはこの日、十数年ぶりの再会を果たした大学時代の旧友が坐っていて、その十数年分の近況報告をきいていた。

その話の中のエピソードのひとつとして、彼は言った。かつての職場の最寄り駅で、幾度となく目の不自由な人たちを目にしてきた。駅のホームでは白い杖を持ち不安そうに歩行する姿に遭遇し、何かしらの援助をしたいと思いながらも見過ごしてしまったことが何度もあると。どう声をかけたらよいか、どんなふうにお手伝いしたらいいのかがわからない、相手は突然声をかけられて驚きはしないか……と考えているうちに機会を逸してしまったと。日本の社会は、昔ほど周囲の様子に気配りをしないようになってしまったけれど、困った人を見かけたとき、お手伝いしたいものの、その方法がわからなくて行動できない人も少なくないはずである。そこで、目の不自由な人、視覚に障害のある人を見かけたときにスムーズにお手伝いできるためのガイドブックのようなものがあればいいのにと。

一通りの話を聞き終わって僕は、その種のものはこれまでに専門家や当事者によって何冊も出版されているので、今さら改めてつくることはないのではと答えた。すると彼は、さらに言葉を続けた。読みたいのは、介護福祉や、社会福祉などを学んでいる学生やガイドヘルパー講座受講者だけが利用する単なるテキストのようなものではなく、僕のように会社勤めの人々をはじめ、幅広い層が書店で気軽に買い求め、いつでもバッグの中に入れて、必要に応じて取り出して読んだり、確認したりできるコンパクトな本だと。彼は真剣に語っていて、いつしか彼のその話に僕は共感を覚えるようになっていた。

みんなも駅構内やホーム、電車で、もしくはバスターミナルやバスの車内で、あるいは買い物のデパートやスーパー、飲食店などで目の不自由な人を見たことがきっとあると思う。障害のある人、目の不自由な人が街の様々なところへ出かけ、障害のない人たちと同じような生活をしていくことを社会参加という。

この社会参加が日本でも進んできた。それは一つに、僕たちの社会が障害のある人、目の不自由な人にとって出かけやすい環境になってきたこと、いうならば社会のバリアフリーやユニバーサルデザインが整備され、一定の水準に達したことの結果でもある。けれども、一方で目の不自由な人が歩行中にホームから線路へ転落し、入線してきた電車にはねられて命を落とす悲しい事故も一向に後を絶たない。本書を執筆していた約1年の間でも、僕の知るところでは全国で3件の事故が発生し、貴い命が失われた。そうした事故の報に接するたびに、周囲には人がいなかったのだろうか、目の不自由な人がホームを歩いていて、声をかけたり、ヘルプしてくれる人はいなかったのだろうか……

と嘆かわしい気持ちになったりする。それは僕の勝手な思いであるかも知れないが、僕たちの社会は、あるときから他人に対してあまりにも無関心になっているように感じられてならない。電車内で目にする光景——ヘッドホンステレオで音楽を聴いている人、スマートフォンやケータイの画面に見入っている人、ゲーム機を取り出し、それに夢中になっている人——はそれを物語っているようでもある。決して僕は、これらの存在を、車内での使用を非難・否定するつもりはない。けれども、もう少し周囲に目配り・気配り・心配りができないものかと思う。もちろん、目の不自由な人の存在に気づきながらも声をかけたい、ヘルプしたいとの気持ちがありながらも、どう声をかけ接したらよいかがわからず、

そのままになってしまう人の存在も少なくないことは承知している。しかし、それは大変もったいないことであり、残念でもある。

この本は、そうした人たちが少しでも目の不自由な人、視覚に障害のある人に気軽に接してほしい、声をかけ、必要に応じてお手伝いをしてほしいとの思いから書いたものである。願わくは、本書をあなたのバッグに入れ、あなたの友として街へ出かけ、目の不自由な人を目にしたらチラッとページを開き、確認し、その人をヘルプしてほしい。見知らぬ人に声をかけるなんて、最初のうちは勇気を必要とするかもしれないけれど、この本と一緒にその壁を乗り越えていただければ幸いである。

目　次

第3章 ここで、そこで、いたるところで シーン別実践法 61

この本の使い方

本書の目的はみんなが街に出かけているとき、困っていたり、危険な状況に陥りそうな目の不自由な人を見かけたら、気軽に声をかけてお手伝いしてほしいとの思いから、そのための基本的な方法を紹介するものである。気軽に手に取って読めることをモットーとしているので、ガイドヘルパーのための講習会などで使うような、簡単なことを難しく、堅苦しく説明したテキストではない。けれども、テキストを補う参考書、副本には十分なり得るものであると思う。

全体は三つの章からできていて、第1章は視覚障害についての教養編。目の不自由な人に関連する事柄、知っているようで誤解していること、押さえておいてほしいことなどを取り上げて説明した。第2章はお手伝いの基本編。街で目の不自由な人を見かけたとき、みんなにお願いしたいこと、基本的な対応方法を紹介している。そして第3章は「ここで、そこで、いたるところで：シーン別実践法」と題し、みんなが目の不自由な人のお手伝いをしていて出会うことになるであろう場面を想定し、主なるシーンごとにお手伝いの基本方法を解説した。そこでは、僕の文章だけでは心許ないので、理解を助けるべく可能な限りイラストを用いている。文章を読んだだけではよくわからなくても、イラストを見ることで、きっと概ね理解いただけるはずである。また、各章の終わりにはコラムを入れ、直接お手伝いには関連しないけれども、知っていると参考になるかもしれない豆知識を載せた。とは言いながらも、全体的に街・公共の場での僕や、僕の友だちの経験をも交えた文章になっているので、丸ごと１冊がコラムであるかもしれない。そんなわけで、この本を読むには順序などないので、目次を見て興味をもったところ、必要な場面から、あるいは思うがままに読み進めていただければ幸いである。でも、お手伝いの手法にはいろいろあり、ここで紹介することが全てではなく、絶対ではないことを踏まえたうえで読んで、実践してほしい。目の不自由な人の場合に限ったことではないが、お手伝いの基本は、相手にどうしてほしいのかを尋ねたうえで行動することであり、決して自分が持ち合わせているものや考え、思いを押し付けてはならない。それこそが「小さな親切、大きな迷惑」になることを押さえておこう。

　では、お好きなページ、目に留まったページへお進みあれ！

第1章

目の不自由な人をちゃんと知ってみよう

1 世界はどんな風に見えているの？ 全然見えないの？

僕は、新入生を前にした最初の講義で、いつも自己紹介をするようにしている。科目担当教員の横顔を理解してもらったうえで講義を展開していくほうが、講義をする側にとっても、また受ける側にとっても都合がよいからだ。その自己紹介の初めに僕自身が視覚障害をもっていて、両目の視力は0.01から0.02くらいと話している。そのうえで僕自身の見え方、見えている状態を説明していく。決して単に「目が見えない」とか「目が不自由である」とは言わず、人の顔の識別ができなかったり、会話では目線を合わせて話すことができないこと、教室の前方の机では、席が空いているかどうかの区別はできることなどを伝える。さらに視力0.01は、視力検査において検査表の一番上の視標が50㎝離れた地点から視認できること、0.02は、同１ｍの距離であることを説明する。

一般に、「目が不自由である」、あるいは「目が見えない」と言うだけでは、視覚障害のある人に接したことのない人は、何も見えない状態と思いがちであるが、必ずしもそうではない。実際、視力検査では、0.01以下の視力も測定していて、難しい言葉だが、指数弁視力・手動弁視力・光覚弁と呼ばれる視力もある。指数弁視力とは、目の前に示した指の数が認識できる状態、手動弁とは、目の前で手を振ったとき、その動きを認識できる視力を、また光覚弁は光を感じたり、明暗の区別ができる視力のことをいう。このように、視力検査によって得られる数字は幅広く、視覚障害をもつ人、目の不自由な人は、全く見えない全盲の状態から、何らかの視力を保有していて、それを活用できる人まで様々である。「ロービジョン（low vision）」という言葉があり、新聞等でもときどき見かけることがある。これは、「低視覚」「弱視」と訳されることもあり、全盲と区別する言葉として頻繁に用いられるようになった。意味としては、ルーペなどを使用すれば日常の不便さが解消できる視機能の低下した状態を指す。

ところで、コンタクトレンズやメガネなどの矯正によって日常生活に支障のない視力を得ているものの、それらを外した視力は0.1以下となる人もいると思う。だから、視力0.02とか0.03などと聞けば、自分の視力での見え方を元に、見えにくい世界を想像する人もいるだろう。しかし、同じ数値であっても、見え方は様々で十人十色である。例えば、僕は日常生活において読み書きでは点字を使用しており、墨字（※）で書かれた書籍や書類は読めない。ところが同じ視力であっても、ルーペや拡大読書器などを使って、特に支障なく読んでいる人もいる。一方で僕の場合、人の顔の識別は不可能であるけれど、その存在は認識できるし、駐車している車など大きな物体や路側帯も見える。だから、一人で歩くときも、特に支障はない。加えて運動不足を解消しようとしていることもあり、歩くスピードは学生たちよりも圧倒的に速い。白杖を使って歩いているけれど、通学路では彼らを追い越していくこともしばしばあって、僕に視覚障害のあることを疑う学生もいるようである。

逆に同じ視力で、読み書きでは墨字を使用していても、歩くときはおぼつかない姿でスピードの遅い人、見ていて思わず声をかけたくなるような歩き方の人がいる。なぜだろう？　答えは、見え方を左右している要素は、実は視力だけではなく、視野も大きく影響するからであり、視覚障害をもたらした原因疾患によって、視野に様々な障害が現れる。たとえば網膜色素変性症（**図1**）などでは、周辺視野の狭窄が発生するために、中心はよく見えていても、周囲は見にくい、あるいは見えなかったりする。また黄斑部変性症（**図2**）では、中心視野の暗転や欠損が起こるし、網膜はく離や緑内障（**図3**）では、視野の一部の欠損を生じる。こうしたことから、文字の読み書きや行動にもたらす影響は多様で、複雑である。それ故に、視覚障害のある人、ロービジョン者の見え方を理解するのは決して簡単ではない。実際、僕の妻は「あなたは、いったいどこまで見えていて、どこが見えないのか未だにわからない」とよく口にする。連れ添ってもうすぐ20年になろうというのにである。

（※）墨字……点字に対して晴眼者が用いる文字の総称。書籍や新聞・雑誌の文字、PCを介して印刷された文字、さらには個人が直接書いた文字までを言い、広辞苑をはじめ、多くの国語辞典にも見出し語として収載されている。

図1

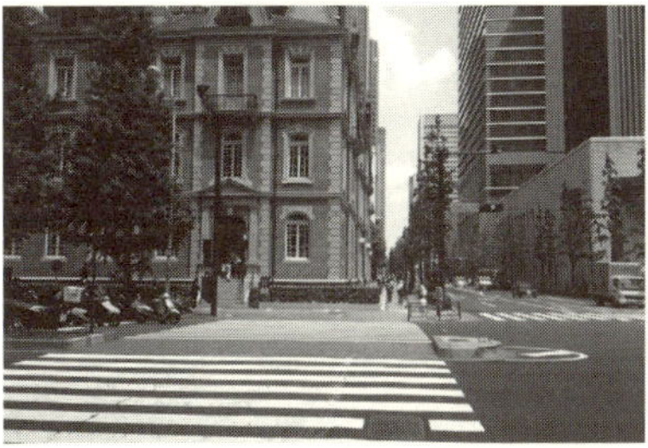

図2

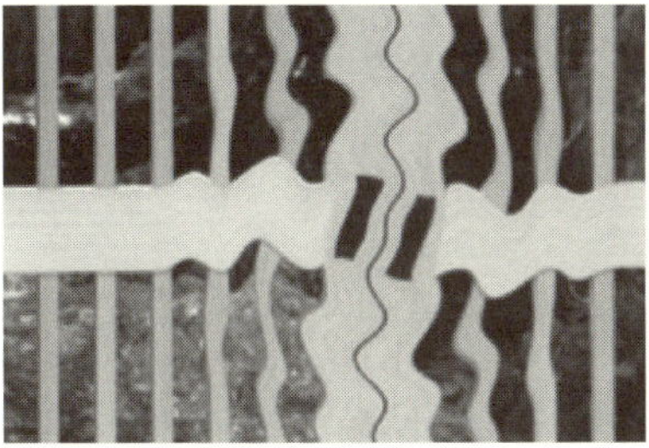

図3

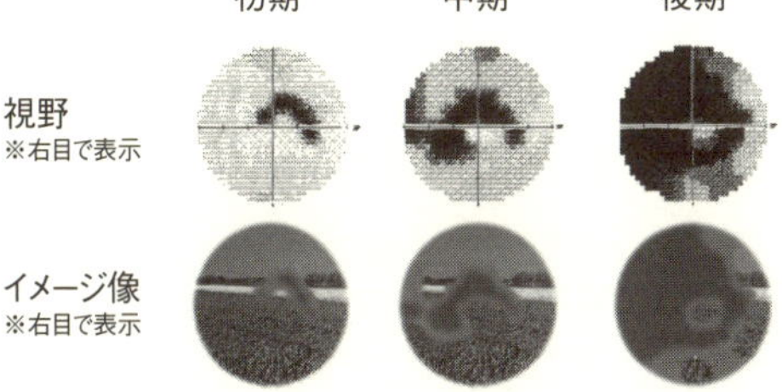
初期
中期
後期
視野
※右目で表示
イメージ像
※右目で表示

2 白い杖には、どんな意味があるの?

視覚障害のある人と切っても切れないものの一つに白い杖がある。その正しい呼び名について僕は学生に尋ねてみることがあるけれど、彼らはなかなかこちらの期待する答えを口にしない。単に「つえ」とか「ぼう」とか「しろぼう」と言ったり、「ステッキ」などと英語に替えてみたりするだけで、正解である「白杖《はくじょう》」と答える者はほとんどいない。白杖そのものは視覚障害のある人の携行品、またはシンボルとして目にするものの、その正式名についてはほとんど知られていないのかもしれない。因みに、英語では「white cane」という。

視覚障害のある人が歩くとき、杖を持つことは必然的でもあり、古い時代から各国の視覚障害のある人たちは、その形態や色は様々ではあったものの、歩行のための大切な道具、あるいは必需品として杖を使っている。白い杖として確立されてきたのは、20世紀に入ってからで、最初に用いたのはアメリカである。そして今では、世界共通のものとなった。それを裏付けるかのように1984年10月、サウジアラビアのリヤドで開催された世界盲人連合（World Blind Union）設立総会で制定された「盲人のための国際シンボルマーク」（**図4**）も、視覚障害のある人が右手に白杖を持って歩く姿をデザイン化している。このマークは、視覚障害のある人の安全やバリアフリーを考慮した建物・設備・機器などにつけられる世界共通のマークで、日本では、押しボタン式の信号機や駅などの音声案内装置、国際点字郵便物、書籍などに設置・貼付されているのを目にすることができる。

図4

法律を繙いてみると、道路交通法第14条では、「目が見えない者（目が見えない者に準ずる者を含む）は、道路を通行するときは、政令で定める杖を携え、又は政令で定める盲導犬を連れていなければならない」と規定している。それを知っていたかどうか定かではないけれど、両親は僕に対して小学生だったころから外を歩くときは、白杖を持つように言い含めていた。しかし当時はもちろん、社会人になってもしばらくの間、僕はなかなか白杖を持って歩こうとはしなかった。道を歩くことに不自由を感じなかったことと、白杖を持つことが何となく気恥ずかしいというか、世間の視線を一気に集めるようで怖かったのである。こうしたことをも含め、ロービジョンの人や、まだ自分の視覚障害を受け入れられない人の中には、白杖に対する抵抗感

を強くもっている人もいる。僕の場合は、年を重ねるにつれ、白杖のありがたみを身にしみて感じるようになった。白杖は、高齢者や肢体不自由の人たちが使っている杖のように、体を支えるものではない。基本的に三つの役割をもっており、一つは周囲の人に視覚障害があることを知らせる表示の役割、二つ目は路面の変化や進行方向を知るアンテナとしての役割、三つ目は行き先の障害物から体を保護する役割である。最初の表示の役割については、きっとみんなもすぐにわかっただろうと思う。実際、僕は道を歩いていて、音もなく猛スピードで接近してくる自転車に恐怖を感じて以来、白杖を手にするようになった。つまりは、自転車側に僕が視覚障害をもっていることを示し、安全運転をお願いするためである。二つ目の役割も気づきやすいと思うが、三つ目は少しばかり難しいかもしれない。でも、白杖を使っている側からいえば、この役割があることで随分と助けられている。もし僕が白杖を持たずに歩いていたならば、ガラス戸や電柱に気づかずに激突して、顔中傷跡だらけの男になって、周囲から怪しい人物として見られていたかもしれない。

「体を支える杖ではない」ことで付け加えると、重さや強度、形態もお年寄りや肢体不自由の人たちが使うものと大きく異なる。重さでは、軽量であることが求められるが、一方で強度はできるだけ高くなければならない。このため、素材としてはスキーのストックに使われるものなどが用いられる。また形態は、一本の杖状のものと、携帯に便利な折りたたみ式のものがある。いずれの白杖も歩いているときに、人込みでぶつかったり踏まれたりして、曲がったり折れたりすることがある。自転車と接触し、車輪に巻き込まれ、壊れたりすることもある。こうした経験をもつ視覚障害のある人は決して少なくない。

最後に、もう一つだけ法律の話。道路交通法の政令（施行令第８条）で定める杖は白色または黄色となっているが、未だかつて、黄色の杖を持って歩いている視覚障害のある人を見たことがない。また、それを販売する施設も僕は知らない。そう、視覚障害のある人の杖は、やはり白でなければ世間の人は「薄情」になってしまう？

3 目の不自由な人はみんな点字を読めるものなの？

ここで一つ質問してみたい。みんなは普段の生活の中で、どんなところで点字を目にしますか？

「そんな……、点字なんて見ない」「点字使わないからわからない」と即答しようとする人はちょっと待って欲しい。それは単に点字に気づいていないだけ。もっとも、同様の質問を講義の中で学生たちに投げかけると、彼らもその答えに苦慮する。実は僕たちの日常には点字の付いた多くのものが存在している。毎日、電車に乗って通学や通勤をしている人ならば、駅の券売機や、その傍の運賃表で、ちょっと注意すれば点字を見つけることができる。「私は定期券だから切符は買わない」と言う人は、改札とホームを結ぶ階段の手すりで点字を見つけることができる。電車に乗っても、東京ではJRの山手線や京浜東北線、私鉄各線、地下鉄で、大阪や名古屋でも地下鉄などで、車内のドア部分に貼られている号車・ドア番号を示した点字を見つけられる。新幹線にだって、デッキの手すりやトイレに点字がある。このように書いてしまうと「私は電車に乗らないから知らない」なんて声も聞こえてきそうだけれど、自宅にいても点字に接している。家電製品を見てみよう。まずは洗濯機。日本のメーカーのものならほとんどの場合、各操作ボタンに点字があるはず。電気ポットや食器洗い乾燥機、エアコンのリモコン、洗浄便座にも点字を付けたものがある。冷蔵庫を開けてみる。缶ビールや缶チューハイがあれば、プルタブのところに点字が書かれていることに気づく。ソースやケチャップの容器、ジャムやドレッシングのボトルにだって点字の付いたものがあるし、日本酒や焼酎の紙パックには、キャップに点字が書かれている。救急箱も開けてみよう。胃薬・絆創膏・風邪薬などの箱にも、点字が書かれているものがある。女性ならば、自分が使っている化粧品、メイク落としなども見てほしい。このように、僕たちの周囲には点字の付いたものが数多くあるけれど、それを必要としなければなかなか気づかないと言える。

点字は、視覚障害のある人のための文字である。その点字が昨今身近なところに記されるようになった。このことを僕は「点字の市民権の拡大」と呼んでいる。つまりは、点字が墨字と同様に文字として一般にも認識されてきたのである。こうした現象は日本だけではなく、海外でも広がっている。韓国では、缶ビールや眞露（JINRO）のボトルに点字を見た。イギリスでもいくつかの薬の箱やボディーシャンプーの容器に点字がある。フランス産のワインのラベルには、単に商品名だけではなく、製造年も点字にしていて、ワインへの思い入れを感じる。また日本でも入手しやすくなった化粧品ロクシタン（L'occitane）のいくつかの商品にも、箱に点字が付けられている。さすがは点字を生み出したフランスである。そう、点字は1825年、フランスのルイ・ブライユによって考案されたもので、彼自身も視覚障害をもつ盲学校の先生であった。その点字は、サイコロの６の目と同じように縦３点、横２列、合わせて６個の点の組み合わせからできていて、指先で触って読む文字としては大きさを含め実に合理的である。ブライユによる６点式の点字は、あくまでもフランス語であり、フランス語圏以外ではそのまま使用できない。だから、各国ではそれぞれの国の言葉に合うように６個の点の組み合わせを変更しなければならなかった。日本では、東京盲唖学校の教師だった石川倉次が、その作業を1890年に行っている。

点字がつくられたことによって、視覚障害のある人は初めて自分たちで書いて読むことのできる文字を得た。ただ点字は指先で触って読み進める文字であるために、視覚障害のある人だれもが習得できるものではない。特に人生の中途で視覚障害を負った人の場合、指先の感覚が若いときに比べ低下したりして、その習得に時間を要したり、習っても最終的に読める段階まで進めない人もいる。厚生労働省が2006年に実施した「身体障害者実態調査」によれば、点字の読める人は視覚障害のある人31万人の12.7%である。でも僕はこの数字を信じてはいない。なぜなら、これはあくまでも推計値であり、しかも視覚障害のある人全体を見てのものである。だから、その中には点字を必要としないロービジョンの人も含まれている。墨字を読むことのできない人だけで割合をみると、その数字はもう少し大きくなるはずである。こんな数字が一人歩きしてしまうと、「点字を読む人口は少ないのだから、いろいろなものに点字を付けなくてもいいのでは」ということになって、話が変な方向に進むとも限らない。点字を読む人数の問題ではなく、それを必要とする人がいることを大切にする社会であってほしい。電車内のドアに貼られた点字が心ない人によって剥がされかけていることがある。強力な接着剤を使って貼ってある大切なそれをもぎ取ろうとするなんて残念でならない。この本を手にしている人にはそんなことをする人はいないと思うけれど、点字を目にすることがあったら、それを必要とする人がいること、視覚障害のある人のことを思い起こしてもらえるとうれしい。

4 目が不自由であることの意外とわからない不便さ

僕は、講義の中で学生によく質問をする。だから学生はおちおちと居眠りなんかしていられず、迷惑このうえない教員であるかも知れない。だけど、いまどきの学生は、一番前の席に座っていても、しっかりと眠りこける強者も少なくない。それはさておき、質問の一つとして「毎日の生活で、視覚障害があるとどんなことが不便だろうか？」と訊くことがある。すると「人の顔がわからない」とか「テレビが見られない」、「歩くことができない」などといった答えが返ってくるが、果たしてそうだろうか。

僕たちは五感という視覚・聴覚・嗅覚・触覚、それに味覚をもっていて、それらを活用しながら毎日の生活を送っている。このうち、視覚、すなわち目を使う割合がもっとも多く、五感全体の８割くらいを占めているといわれる。僕たちは目からいろいろな情報を入れ、それに基づいて行動している。少し回りくどい言い方をすれば、食事をするときだって、大いに目を使う。まず、皿に盛りつけられているものの中から何を食べようかと考え、それを箸で挟み、挟んだことを目で確認し、口に運ぶ。その途中でも頬に食べ物を当てないように目で確かめ、口に入れる。人の顔を識別する、このときだって目から相手の顔の情報を入れ、それを自分の記憶と照らし合わせ、その人であることを判断する。歩くときも、目から情報を得て障害物を避けたり、安全を確かめて歩を進めている。このように、無意識のうちに目を使っているというか、目に頼って行動している。だから視覚を失うこと、目が不自由になることは、日常の生活に大きな支障を与えてしまう。人生の中途で視覚障害を受けた人の多くが、医者に視力の回復の可能性がないことを告げられたとき、絶望の淵に立たされた気持ちになり、一度は死を考えたことがあったことを話されるが、それも理解できる。こう書いてしまうと、視覚障害を負うことは大変なことだらけで、悲しく辛い日々を送ることのように思えてくる。でも、必ずしもそうではない。人間はよくできたもので、一つの感覚を失うと、自然に別の感覚を使って不便さや不自由なことを補おうとするし、使い始めた感覚は鋭敏になっていく。学生が挙げた「目が見えないこと」で不便なことのうち、人の顔がわからないことは、声を聞くことで解決できる。でも声を聞き分けて誰であるかを特定することなんて、普通はしない。だから学生たちは僕に出会うと、いきなり「私は誰でしょう？」「私の声覚えた？」などと言って挨拶し、僕がその学生の名前を口にし、当っていると「すごーい！」と言って驚き、喜ぶ。こちらからすれば、そうせざるを得ないことをしているだけで、すごくも何でもないことである。ただ、このときも目で人を識別することと耳ですることの間にはハンディがあって、当然、目を使うほうが遥かに有利である。つまり、目で識別する場合、相手と接している間じゅう、好むと好まざるとにかかわらず顔を見ていて、自然にその人の顔がインプットされていく。だけど、耳の場合、いくら相手と接していても、その人が声を出してくれなければ、記憶したくてもできない。インプットするための情報量が圧倒的に少ないために、苦労を強いられてしまう。だから、学生に「誰でしょう？」なんて言われても、外れることも少なくなく、がっかりする者もいるが、僕からすれば、そんな失礼な挨拶なんてしないで、堂々と自分を名乗ってから挨拶してほしい。

「テレビを見られない」と言う学生たちの答えもあったが、実際、視覚障害のある人の多くは、日々テレビを見ている。いや、テレビを聞いていると言うのが正しいかもしれない。つまり、テレビから流れる音声を聞いてそれぞれの番組を楽しんでいるのである。とはいえ、映像中心の番組やドラマの場面の変化、テロップで伝えられるニュース速報などは、その内容を把握できない不便さがある。これを補うために、NHKでは連続テレビ小説や大河ドラマで音声解説をしている。つまり、登場人物やそれぞれのシーンを「裏の声」で説明していて、これらの番組が始まったとき、リモコンの「音声」ボタンを押すと、通常では聞こえない声が俳優のセリフの合間を縫って流れてくる。でも、こうした音声解説を組み込んだ番組はまだ数が少なく、特に民放では不定期であるため、視覚障害のある人がテレビを見る場合、上に紹介したようなバリアが存在する。テレビは見るものなので、視覚障害のある人はテレビを見ない、だから視覚障害のある人の前では、テレビの話をしてはいけないと思い込んでいる人がいると聞くが、そんなことはない。視覚障害のある人と話すことがあったら、テレビの話題で大いに盛り上がってほしい。

触覚も視覚を補う上で大切な感覚であり、目に障害のある人たちの間では「百聞は一見に如かず」に対して「百聞は一触に如かず」と言うこともある。目に障害のある人にとって触ることは、大切な見る行為であると言える。だからこそ、ピアニストではないけれど、僕は指を大事にしている。かつて、プロ野球で盗塁の世界的な記録をつくった選手が、彼の足に保険をかけて話題になったことがある。それと同じように、僕も指先に保険をかけたい気持ちであるが、それに応じてくれる会社は未だ現れない。ただ、触ることにはやっかいな面もあって、例えば自分よりも大きなものはいくら触っても全体を把握できない。安全上、触れないものも世の中にはたくさんある。また寒くなってくると指先がかじかんで触ること自体難しくなる。僕は、通勤のバスや電車で点字の本を読むことを習慣にしている。でも冬場は、指先が温まったころには、もう下車しなければならなくなり、読書を楽しむことができない。屋内でも、暖房がなければ点字を読むことができず、好きな場所での読書も難しくなる。さらに家庭では「暖房費がかさむ」とわが家の財務大臣である妻のお小言も聞こえてくる。だから、僕は冬を好きになれない。

ここが肝心！

1. 目の不自由な人とは、全く見えない人ばかりではなく、一定の視覚をもっている人も少なくない。でもその見え方は様々で十人十色。

2. 見え方を規定する要素は視力だけではなく、視野なども大きく関係しており、これらによって日常生活への影響がいろいろに現われる。

3. 目の不自由な人が携帯している杖を白《はく》杖と言い、世界各国で利用されている。白杖は目の不自由な人の目。

4. 点字は目の不自由な人が単独で読み書きできる大切な文字。私たちの身の回りには様々なところに点字が付けられている。いたずらしてそれらを壊したりすることはご法度！

5. 「百聞は一見に如かず」改め「百聞は一触に如かず」、目の不自由な人にとって触ることは見ることなり。

コラム★目の見えない人しか知らない世界❶

盲導犬

目の不自由な人の歩行をお手伝いする犬として盲導犬がいることは、多くの人々に知られている。みんなの中にも、街で盲導犬を連れて歩いている目の不自由な人を見かけたことのある人は少なくないと思う。

2012年3月時点での調査(※)によれば、現在、日本では1,043頭の盲導犬が現役で活動している。使用者数は、1頭の盲導犬を夫婦二人で使用するタンデム方式もあるので、必ずしも盲導犬の数とは一致しない。このため、盲導犬を使用している視覚に障害のある人は約1,100人とみられる。国内には、北海道から九州まで全国に九つの盲導犬を育成する法人があり、毎年約150～200頭の盲導犬が育っている。

目の不自由な人のための犬として盲導犬の育成を最初に始めたのは、第1次世界大戦中のドイツである。1927年頃には、ドイツ国内で4,000人もの盲導犬使用者がいたといわれる。その後、盲導犬の育成はイギリス、イタリアをはじめとするヨーロッパ、海を渡りアメリカ、そして世界へと広がっていった。国際盲導犬連盟には現在、アメリカ、カナダ、オーストリア、ベルギー、クロアチア、チェコ、フィンランド、フランス、ドイツ、アイルランド、イタリア、オランダ、ノルウェー、ポルトガル、スロバキア、スペイン、スウェーデン、スイス、イギリス、イスラエル、南アフリカ、オーストラリア、ニュージーランド、日本、韓国、台湾の26カ国、72団体が加盟。これらの国々の盲導犬を合わせた数は約25,000頭以上と推定されている。国別の実働数として最も多いのはアメリカで8,000頭以上、次いでイギリスの約5,000頭、ドイツ1,500～2,000頭、フランス約1,500頭で、日本のそれは世界的には5位に当たる。

日本へ盲導犬が紹介されたのは、第2次世界大戦前の

コラム★盲導犬

1938年、アメリカ人の盲導犬使用者が観光旅行で来日したときである。翌1939年には、ドイツから4頭の盲導犬を輸入し、傷痍軍人に渡された。けれども、戦争の激化に伴い盲導犬の育成は中断。国産の盲導犬第1号は1957年のシェパード犬のチャンピィであり、これは塩屋賢一（1921～2010）の試行錯誤での育成によるものであった。

ところで、障害のある人の生活をお手伝いしてくれる犬には、盲導犬・介助犬・聴導犬の3種類がある。世の中には、かつての体験がトラウマとなって犬を苦手とする人がいるのはやむを得ないが、身体障害者補助犬法は、これらの犬がバスや電車をはじめとする公共交通機関、百貨店やスーパーなどの店、各種の飲食店、映画館やコンサートホールなどへ同伴すること、ホテルへの宿泊を認めている。一方で使用者には、他人に危害を与えないように管理することや犬を清潔にしておくなどの義務が課せられている。

ほとんどの盲導犬はラブラドールレトリバーである。この犬はおとなしく、人になつきやすい性質があるといわれ、犬好きの人には、つい目を合わせたり、なでたくなる犬であるかもしれない。でも仕事中の盲導犬に声をかけたり、なでたり、食べ物を与えるのは御法度！　盲導犬を知るための図書は数多く出版されているので、詳しくはそれらを読んでいただけるとうれしい。

（※）日本盲人社会福祉施設協議会 自立支援部会盲導犬委員会「2011年度盲導犬訓練施設年次報告書」社会福祉法人日本盲人社会福祉施設協議会，2012

第2章

これがキホンのキ

1 「何かお手伝いしましょうか?」（街で目の不自由な人に遭遇した時の最初の一声）

「大学へ入学してから障害のある人と出会う機会が多くなった。でも、お手伝いしたい気持ちはあるものの、どうしたらよいかわからず、緊張して自分から何もすることができなかった……」「今まで、目の不自由な人を街で見かけたことはあるが、接し方がわからず、見て見ぬふりをしてきた……」、これは、僕の講義を受けている学生たちの声である。電車やバス、街頭、駅構内やホームなどで目の不自由な人を見かけ、その人の様子から何かお手伝いしようと思った人は少なくないだろう。そのとき、みんなも学生たちと同じような思いに駆られたことはないだろうか。そう、最初の一言がなかなか出ない。なんて言えばいいのだろうかと思いながら言葉を探す。声をかけたとき、断られたらどうしようと考える。そうこうしているうちに相手が通り過ぎていったり、下車したりして声をかけそびれてしまう。あるいは他の人が声をかけて幕は閉じられる。これは、多くの人に共通することのようだ。年をとれば、これほどまでの戸惑いはなくなるだろうが、若いころはそうはいかない。何と言うのがお互いにとって良いのだろうか。

「大丈夫ですか？」と声をかけられることがよくある。相手からすれば、僕を見かけ、危なっかしそうに感じられ、勇気を振り絞ってかけた一言かも知れないが、僕はあまりこの言葉を好きになれない。「大丈夫」という言葉の意味としては一つに「危なげがなく安心できるさま」というのがあり、この意味で多くの人が使っていると思う。しかし声をかけられた方としては返答に困る。転んだり、何かにぶつかったりしたのならばともかく、目が見えない僕は普通に歩いているだけで、行く手に危険があるかどうかもわからない。確かに、周囲からすれば僕が歩いている様は、安心できないところがあるかもしれない。けれど困っていれば、こちらから声を出してお手伝いをお願いする。だから「大丈夫ですか？」との声かけをいただいたときは「はい、大丈夫です」と答えるしかなくなる。なんとなく上から目線の言葉のようにも聞こえてくる。

「どちらへ行かれますか？」と聞かれることもあるが、これもまた場所によっては一瞬、返答に困る言葉である。目的地の周辺でかけられたならば答えやすいが、例えば、大阪へ行くために新幹線に乗ろうとして東京駅の構内を歩いていたとする。そのときに「どちらへ行かれますか？」と尋ねられる。相手は僕を見かけて、誘導してくれようとしてかけた言葉かもしれない。このとき、「東海道新幹線の改札」と返答できれば特に問題はおこらず、相手は僕を新幹線の改札口まで導いてくれることになるだろう。でも「大阪です」と答えてしまったら、相手も一瞬、どうしようかと戸惑うはずである。こんな風に書くと、みんなは一体どんな声かけをしたらよいのかわからなくなってしまう。単に僕をヘソ曲りと思えばそれでよいのかもしれないが、僕は決してみんなを戸惑わせるつもりはない。この節の冒頭で紹介した学生たちの声に対して僕は、いつも次のように声かけすることを勧めている。

「何かお手伝いしましょうか？」である。英語では「May I help you?」となる。海外へ行くと（もちろん英語圏に限るが）彼らは実に気さくにこの言葉を僕に投げかけてくれる。空港のロビーで、駅の通路で、妻の所用を待つべく、白杖を持ってちょっとの間立っているだけでも、通りがかりの人がこの言葉をかけてくれる。「ありがとう。妻を待っているだけ」と答えると、彼らは「わかった」と言って去って行く。実に気持ちのよい関係である。この「何かお手伝いしましょうか？」には、「大丈夫ですか？」や「どちらへ行かれますか？」に比べ、声をかけた側に「必要があれば手伝う」との意思がはっきりと示されていて、受ける側としても、困っていればお願いしようとの気持ちになりやすい実に明快な言葉である。

　ところで、勇気を振り絞って声をかけたにも関わらず、あっさりと申し出を断られたという経験をもつ人もいるはずである。そうなると、それ以降、声かけをしたくなくなる人もいることだろう。でも十人十色で、いろいろな人がいる。また同じ人でも、状況や体調によってヘルプをしてほしいときとそうでないときがある。断わられたことがあるからとの理由で、声をかけるのを止めるなんてことはしないでほしい。必要に応じて、お互いが気軽に声をかけ合える社会であってほしいと願うばかりである。

2 カラダのどこを触ればいい？

前の節では、目の不自由な人への手助けの第一歩として、声をかけるときの具体的な内容について紹介した。「何かお手伝いしましょうか？」との声かけは、それをする側、受ける側双方にとって便利で、気持ちのよい言葉である。だから場所を問わず、特に問題なく相手に伝わると思う。けれど、目の不自由な人への援助は、単にこれだけで完結するわけではない。つまり、場面や状況によっては、別の声のかけ方をしなければならないこともある。でも、それは必ずしも目の不自由な人に直接伝わるかどうか怪しいときがある。その人しかいないところならば支障はないが、大勢の人が行き来しているところや、電車やバスだったらどうだろう？　視覚障害のある側とすれば、声をかけてもらっても、雑踏で聞こえなかったりして、それが自分に向けられたものであることに気づかない場合が少なからずある。その結果、せっかくの好意を無にして通り過ぎてしまうことになる。例えば電車やバスで席を譲っていただくことがある。「どうぞお座りください」とか「この席が空いています」と声をかけてくださるが、僕としては、誰に話しているのかわからない。もしかして、そばに高齢者や妊婦さんがいて、その人のために席を空けたのかもしれないと思うと、おいそれとは座れず、そのまま立ち続けていたりする。こんなこともある。電車の中で僕が物を落としてしまう。コインであったり、大きな物ならば、落ちたときの音でそれに気づくが、無意識に切符やICカード、冬ならば手袋を落としたりする。けれど、そのことに気づかないでいる。それを見ていた周囲の方が「落ちましたよ」と教えてくれても、自分に話しているとはわからず、黙ったままでいることがある。２度か３度繰り返されたり、または耳元近くで教えられたり、直接手渡していただいて初めて気づくことになる。こうした場合、僕の名前を知っていれば、最初に名前を呼ぶことでスムーズにいくだろう。けれど、僕は無名のおじさんだから、世間の人が名前を呼ぶことなんてありえない。といって「おじさん、ここ席が空いていますよ」なんて言い方も一般にはしないし、「おじさん」を「お客さん」に代えて言っても、乗客は僕だけではないから通じない。さて、どうするか。

僕は、こうした場面での目の不自由な人への対応として、最初に相手の肩辺りをトントンと軽く叩いてから話し始めることを勧めている。見知らぬ人の体に触れる……、これまた、ちょっと勇気がいるかもしれないし、誤解を受ける心配もあるが、肩ならば変な人と見られることはないだろう。また軽く叩くのだから、相手が不愉快になることもないだろう。もちろん「何かお手伝いしましょうか？」と声をかけるときも、最初に肩を叩いてから話し始めると確実である。

先日も東京の朝のラッシュアワーに、男性から席を譲っていただいた。そのとき、彼は最初に僕の肩辺りをトントトンと軽く叩き、座るよう案内してくださった。実に適切な行動であり、さりげないその振る舞いが紳士的でもあり、うれしく、喜んでその行為を受けた。これこそが「袖振り合うも多生の縁」かもしれないと電車に揺られながら、勝手に解釈した。

3 駅について

駅、その中でも電車が発着するプラットホームは、目の不自由な人にとっては最も危険な場所になっている。一般に、ホームの形式には「単式ホーム」(**図5**)「島式ホーム」(**図6**)「相対式（対面式）ホーム（**図7**)」などがある。単式はプラットホームの片側だけが線路に接しているもので、反対側は柵や壁で仕切られ、駅舎、出口に接続する。上りと下りのホームが2階建てになっている地下鉄や、ローカル線の単線の駅で見られる方式である。島式は、ホームを挟んで両側に線路が敷かれているもの。JRの東京駅や品川駅のホームは、新幹線を含めて、すべてこのかたちになっている。これに対して相対式は、二つのホームの間だけに線路が通っていて、ホームの片側は壁や柵になっているものをいう。新幹線は主要な駅を除き、この方式になっている場合が多い。

なぜホームが危険な場所かは、すぐに理解いただけると思う。もしホームから線路へ転落したら命にかかわってくる。幸いにそのとき電車が入ってこなかったとしても、ホームの高さを考えると、無傷であることはまずあり得ない。ところが、ホーム上は本当に歩きにくい。複数の柱や売店、自動販売機があったり、ベンチや待合室、改札へつながる階段があったりしてホームの幅が一定ではない。さらに不規則に人が通っていたり、乗車のための列をつくっていたりする。こうした障害物ともいえるものを避けて歩

図5

図6

図7

かなければならないホームは、目の不自由な人にとって神経を張り巡らして歩く所であり、死と隣り合わせの場所でもある。転落の原因のトップは、これらの障害物を避けながら歩いているうちに、方向を見失ってしまうことにある。もちろん、ホーム上には点字ブロックが敷設されているが、これとて障害物を回避するためにしばしば曲っていたりする。また、その上に物が置いてあったり、人が立っていたりするために、やむを得ずそこからそれて歩かなければならないこともある。ホームは「欄干のない橋」（**図8**）と例えられるのも納得してもらえるだろう。特に島式ホームは、ホームのどちら側にも線路が通っているために、単式や相対式のように線路のない側を歩くというわけにはいかず、危険度は最も高い。けれども、この方式は面積を節約できることと、建設費を抑えられることなどから、多くの駅で採用されている。みんながよく利用する駅のホームはどうだろうか、思い起こしてほしい。

残念ながら、目の不自由な人がホームから転落する事故は後を絶たず、毎年発生している。この本を書き始めた2011年には東京のJR山手線と東急田園都市線の駅ホームで転落事故があって、二人の尊い命が失われた。また2012年にも埼玉の東武東上線で同様の事故があり一人が亡くなっている。日本盲人会連合が2011年２月に視覚障害のある人たちを対象に実施した「転落事故に関するアンケート調査結果」では、約４割が「転落したことがある」とし、約６割が「転落しそうになったことがある」と答えている。かくいう僕も、今から20年ほど前になるが、小田急線の新宿駅で転落してしまった。深夜に近い時間で、電車の運転間隔が長かったことから、電車が入線する前に無事にホームへ上がることができたが、肋骨にヒビが入る怪我をした。以来、ホームの端に寄らないように注意をして歩くようになったのはいうまでもない。

近年、転落事故は電車への接触事故をも含め視覚に障害のある人だけではなく、晴眼者のケースも多く、しかも増加傾向にある。国土交通省の発表によれば、2012年は４月から９月までの半年間に、全国で110件起きている。これは統計を取り始めた2002年の同期間での２倍を超える数で、中でも首都圏で増えていて、全体の約70％を占めているという。

事故を防ぐにはどうしたらよいだろう？　最も有効なのは、転落しないようにホームを柵で囲い、電車が入ってきたらドア部分の柵を開閉させる可動式ホーム柵やフルスク

図8

リーンタイプのホームドアの設置である。東京の地下鉄・南北線や京都の地下鉄・東西線、つくばエクスプレス線などは、開業時からこれらを採用した。地下鉄・丸ノ内線は改修工事により導入し、JR山手線は、大規模改修を行う渋谷、新宿、新橋、東京を除いて、2018年3月までに全駅に設置することを公表している。このほか、福岡・仙台を始め各地の地下鉄でも導入していたり、その計画がある。可動式ホーム柵などが全駅に整備されれば、確かに安全になる。国土交通省も推進してはいるが、多額の費用がかかるなどの問題もあって、普及は牛歩のごとくである。実際、日本の全駅でその普及率をみると、たった5％程度でしかない。ということは、視覚に障害のある人が駅ホームを安全に歩行できるようになるまでには、まだまだ長い年月がかかりそうである。そこでみんなにお願いしたい。駅のホームで目の不自由な人、白杖を持った人を見かけたら、その人の周囲の安全を確認してほしい。また声をかけてもらえるとうれしい。そう「何かお手伝いしましょうか？」と。もう一つ、ホームの点字ブロックの上には、キャリーバッグなどのカバンを置いたり、立ち止まったりするのは避け、行く手を確保してもらえるとうれしい。

4 駅について その2

前の節で話したように、駅のプラットホームは目の不自由な人にとって本当に危険な場所である。だから、このことをよく知っているみんなは、ホーム上で視覚に障害のある人を見かけたら、きっとお手伝いしてくれることと思う。

ところで、視覚に障害をもつ人にとってホーム上で不便を感じることの一つは、電車を降りたとき、改札につながる階段がどこにあるかすぐにわからないことである。もちろん、いつも利用している駅ならば、そうしたことはほとんどない。自分が乗った車両がその電車の編成のどのあたりであるかを把握していれば、電車を降りてからの進む方向もすぐに定まる。けれど、初めて降りたり、たまにしか使わない駅だったりすると、ことはやっかいである。改札口が１箇所しかない駅ならば、人の流れに沿っていくこともできるが、乗降客の少ない駅や、人通りのまばらな時間帯であったならばそうもいかない。また改札口が２箇所以上ある駅では、出口を誤ると目的地が遠ざかってしまい、面倒なことになるので、間違えないようにしなければならない。加えて、電車は数両編成で運転していて、乗り合わせた車両によっても降車駅での歩く方向やその距離が異なってくる。このため電車を降りたとき、どう進もうかと悩むことになる。

想像してみよう。ホームで白杖を持った人を見かけたとする。その人は、電車から降りると立ち止まり、どっちへ進もうかと周りの様子を伺いつつ思案している。あるいは、少し歩いたかと思うと、突然に引き返したりしている。そんな視覚に障害のある人を見てあなたは「何かお手伝いしましょうか？」と声をかけた。すると相手は、○○改札口へ出たいがわからないので教えてほしいと言う。ちょうど、あなたも同じ方向だったので改札口まで案内することにした。だけど、これまで視覚に障害のある人を誘導するために一緒に歩いたことなんて一度もない。さて、どうしようかと戸惑う……。

心配はいらない。まずは、どのように誘導したらよいかを相手に聞いてみればよい。きっと相手は、白杖を持っていない反対側の手であなたの肘の少し上あたりを持たせてほしい（**図9**）と言うはずである。あるいは、あなたとの身長の差が大きければ、肩に手を置かせてほしいと言うかもしれない。これは、視覚に障害のある人の誘導での基本のかたちであり、ほとんどの視覚障害のある人は知っている。だから、どうすればよいかと相手に聞くことなく、「私の腕を持ってください」と言って腕を差し出してもかまわない。大事なのは、決して相手の手や腕、白杖を持ったり、肩や背中を押すようにして歩いたりしないことである（**図10**）。多くの人は、視覚に障害のある人の手を引っ張ったり、腕を持ったりして歩こうとするが、そうされることは、身の自由を奪われることであり、不安と苦痛を感じる歩き方になってしまうので気をつけよう。

図9

図10

準備完了、さあ歩こう。腕を持ってもらっているあなたは、歩いているとき、視覚障害のある人よりも半歩前を進むことになる。相手は、あなたの腕の動きや自身が持っている白杖から路面の状況などを把握していく。階段まで来たら、そこで一端停止し、これから階段が始まること、階段は上りか下りのどちらであるかを伝える。相手がその上り始め、あるいは下り始めを確認したら歩き出し、階段の終点で再度止まって先程と同様に声かけをし、確認してもらう。そして改札口までやって来たらそのことを知らせ、どの辺りで誘導を終わればよいか尋ねる。その地点まで来たら、立っている状態での前後・左右の状況を説明する。例えば、「改札口は後ろにあります。前方へ直進すると約10メートルで下り階段になります。右へ進むと○○方面出口、左は○○方面出口です」というように。ここまでで、この場面でのお手伝いは終了。

これとは反対に、ホームへ誘導したり、ホーム上で乗車の列に案内するお手伝いもあるだろう。誘導法は基本的に変わらないが、電車に乗るときは、ホームと電車との隙間、ならびに電車の床とホームとの段差に気をつけなければならない。隙間が広く開いているようなら、だいたいの広さを○○cmと言葉で説明する。また段差は白杖で確認してもらうなどしてから乗車する。もう一つ、乗った車両はその電車の編成上、どの辺りになるのかを知らせることも忘れずにしたい。具体的な号車がわかれば、先頭車両の号車と合わせて伝えると一層よい。また乗車の列に案内するときは、並ぶ列の号車、その列には既に何人が並んでいるのかを知らせる。このように、誘導するときは、言葉での案内、説明も重要になってくるが、慣れないと適切な言葉が出てこなかったり、ポイントを外してしまうこともある。それを思うと、なかなか声をかけにくくなるが、悩まず、まずは行動してもらえるとうれしい。

5 駅構内でのお手伝い

目の不自由な人にとって駅での不便なことは、改札の外にもある。もちろん、いつも利用している駅ならばともかく、初めての場合や久しぶりに利用する駅で、構内の様子が記憶から消えている場合は少なからず苦労する。また、それは駅の規模によっても異なる。交通バリアフリー法(※)の制定に基づき、駅では段差の解消としてのエレベーターやエスカレーターの設置が進んでいる。車いす利用者やオストメイト対応のトイレの改修もなされるようになり、視覚に障害のある人に対しては、点字ブロックの敷設や構内案内触図、音声ガイド、点字運賃表の設置などが進行しつつある。けれど、その整備状況は駅によっても差があり、決して充分ではない。東京や大阪をはじめとする都市部のターミナル駅では広すぎて、自分が立っている場所さえも把握しにくいことがある。

まずは切符売り場がどこかわからない。近郊切符ならば券売機で買うことになる。この場合は、他の人が券売機を使っている時の釣り銭のコインの音やICカードが機械から出てくるときの音などでおおよその場所を把握できる。加えて最近では、事前にカードへお金をチャージしておけば、ワンタッチで改札を通過できるSuica（JR東日本管内）やPASMO（首都圏）、ICOCA（JR西日本管内）、TOICA（JR東海管内）、SUGOCA（JR九州管内）、Kitaca（JR北海道管内）

などICカードが普及している。これは切符を買う手間を省くもので、多くの人々にとって便利であるが、視覚障害をもつ立場からも、券売機を探す必要がなくなり、非常に助かる。しかし長距離の場合はそうはいかない。乗車券が必要であり、それはみどりの窓口で購入しなければならず、やっかいなときがある。つまり、みどりの窓口がどこにあるかわからない。小さな駅ならば、改札口の傍にあることが多いが、大きな駅ではそうはいかず、うろうろしたり、通りがかりの人に尋ねることになる。続いて改札口の場所。ICカードに対応した自動改札機が主流になりつつあり、改札を通過するとき、「ピッ」という音が鳴るので、その音を手掛かりに場所を特定しやすくなった。また駅によっては改札口に誘導鈴が設置されていて、一定の間隔で音を出しているので、見当をつけることもできる。けれどもそうした駅は限られているので、スムーズに改札へ辿り着くのに思わぬ時間を要することもある。

これとは逆のケース、つまり電車を降り、改札口を抜けた後、バスやタクシー乗り場へ向かいたいが、その場所がわからず戸惑うこともある。もちろん、最近では鉄道会社も親切になってきていて、電車を降りてからバス・タクシー乗場まで駅員に案内してもらうこともできる。しかしながら皆が皆、駅員にお願いしているわけではないし、依頼できない場合もある。だから、駅のコンコースでも、単独で歩いている目の不自由な人を見かけたら一声かけてもらえるとうれしい。

「何かお手伝いしましょうか？」と声をかける。相手は、「みどりの窓口を教えてほしい」「改札口がわからない」「タクシー乗り場へ行きたい」などと答えた。さあ、お手伝いの始まり。前の節で紹介した手引きの方法で案内してほしい。改札口の場合は、その入口まで。みどりの窓口、バスやタクシーの乗り場の場合は、その場所までガイドし、列ができていたならば、列の最後に誘導して待ち人の数や列の並び方（直線、またはUターン型）などを説明することも忘れずにできるとよい。

(※) 交通バリアフリー法：　正式名称は「高齢者、身体障害者等の公共交通機関を利用した移動の円滑化の促進に関する法律」と言う。2001年5月に公布され、同年11月に施行された。高齢者や障害者等が公共交通機関を快適で安全に利用できるよう、駅や乗り物等をバリアフリーにすべく制定された法律。2006年12月、高齢者、障害者等の移動等の円滑化の促進に関する法律（通称・バリアフリー新法）の施行に伴い廃止された。

6 街の中でのお手伝い

前にも少し触れたけれど、目が不自由なことによって発生する不便なことの一つに歩行がある。街を歩いていると、思いのほか不都合なことや障害物に出くわすからだ。

まず、横断歩道の信号の赤と青の区別ができない。学生たちも、「信号の青は、どうやってわかるの？」とよく尋ねてくる。もちろん、音響装置付きの信号ならば、青信号に変わったときにメロディーや音声、鳥の鳴き声などでそのことを教えてくれるので支障はない。けれど、歩行者用信号機の全体数からすればその数は少なく、2010年３月末現在の設置数は全国で１万9620基（警察庁発表）である。つまり、多くの信号機は残念ながら音響装置のないものになっている。また音響装置付きの信号機であっても、設置している信号機の近隣住民から騒音として苦情が出て、作動時間を制限していることが多い。実際、僕は通勤で最寄り駅から大学までの道すがら、五つの横断歩道を渡らねばならないが、音響装置のある信号機は二つしかない。しかも一つは午前７時から午後７時までの作動で、僕が帰宅する時間には１日の役目を終えていることがほとんどである。さらに信号機によっては作動時間内であっても、ボタンを押さなければ青になっても音を発しないものまで現われている。この場合、押しボタン式の信号機であることと、そのボタンのありかを知っていれば問題ないが、そうでないときは、せっかくの装置も意味をなさないことになる。これを防ぐ目的で信号機によっては、押しボタンのそばから小さな低い音を連続的に流しているものもあるが、車の走行音で消されてしまい、気づかないでいることも少なくない。

そうした信号機を前にして、僕を含め視覚に障害のある人は、青信号を確認できずに戸惑ってしまう。そこで、どうしているかといえば、目の前で車が止まり始めれば青であると判断して渡るのだが、これは勇気を必要とすることでもある。また交差点での信号は、右折する車に配慮した時差式の信号になっていることが多く、すぐ前を通る車が止まったからといっても、反対車線はまだ青で、車が横切っていくこともあり、安心して渡ることはできない。もっとも、周囲に僕と同じように横断しようとする人がいれば、その動きを参考にすることができるのだが。

信号待ちの場面で、白杖を持った僕の姿に気づき「青になりました」とか「渡れますよ」とさりげなく声をかけてくださる人がいる。「地獄で仏」ではないが、実にうれしい一言であり、「ありがとうございます」のお礼の言葉はやや大きくなるのも理解してもらえると思う。

また横断歩道では、向こう側へまっすぐに渡りきれるかとの不安もある。短い横断歩道ならばともかく、車線が複数ある道路を渡る場合になると、進行方向の手掛かりが少ないために、まっすぐに渡っているつもりでも、斜めになって車道へ出かかることもあり、クラクションを鳴らされて気づき、驚くと同時に恐怖を味わうことだってある。歩道には黄色の点字ブロックが敷設されていて、僕たちはこれを頼りにしているが、この点字ブロック、歩道には親切に敷かれていても、横断歩道に接すると突如切れてしまい、その向こうの歩道からまた敷設されている。横断歩道だって、いや車と接触する可能性の高い横断歩道にこそ、目の不自由な人の安全を確保するための設備が必要である。といっても、点字ブロックが車両に及ぼす影響や強度等の点から、そのまま横断歩道にも敷くことはできない。日本では1967年、点字ブロックの歩道への敷設が始まったものの、長い間、横断歩道には目の不自由な人がまっすぐに渡り切るための設備はなされてこなかった。ところが、近年になって開発が進み、改善がみられるようになった。「視覚障害者用道路横断帯」(**図11**)(通称・エスコートゾーン)の設置がそれである。これは、横断歩道中央部に道路の全幅にわたって触覚マーカ(突起体)を敷設したものである。点字ブロックが黄色であるのに対し、エスコートゾーンの突起の色彩は横断歩道と同じにするとの通達があるために、その存在はみんなには気づきにくいかもしれない。また駅、役所、視覚障害者団体等がある施設、特別支援学校、リハビリテーションセンターなど視覚障害者の利用頻度が高い施設の周辺の横断歩道から設置しているので、目にしたことのない人もいると思う。要は、まだ数としては少ないのが現状である。だから、横断歩道の前で目の不自由な人を見かけたら、一声かけてほしい。前述したように、信号が青になったことを伝えるのも大切な一声である。もちろん「何かお手伝いしましょうか？」と言えればよいし、ここでは「一緒に渡りましょうか？」と声かけできれば一層ステキかな。

図11

7 街の中でのお手伝い その2

街でのお手伝いには基本的に、直接的なことと間接的なことの二つがあると思う。直接的なお手伝いとは、前の節で話したような横断歩道での声かけや誘導がこれに当たる。そこで、今度はもう一つの間接的なお手伝いについて紹介しよう。

目にすることの多い歩道に敷かれている黄色い点字ブロック、みんなはその上に自転車を止めたり、立ち止まって友だちと話し込んだりしてはいないだろうか？　改めて説明するまでもないが、点字ブロックは目の不自由な人を誘導してくれる大切なものである。けれどもそれを知ってかどうかわからないが、点字ブロックの上には、よく人が立っていたり、物が置かれていたりして、通行を塞いでいることが少なくない。その代表的なものが自転車である。特に駅前の駐輪スペース付近に敷かれた点字ブロックは、その存在を消されるまでに自転車で覆われていることが多い。そうしたとき、点字ブロックを頼りに歩いている僕たちは行く手を遮られ、道を失って途方に暮れることになる。コンビニの前の歩道にだって無造作に自転車が止まっていて、点字ブロックを隠している場面に出くわす。僕たちは、その上でひと休み（？）している自転車の存在には気づくことができないので、否応なく自転車にぶつかってしまう。この場合、自転車は止まっているので、僕たちへの肉体的な影響というか、被害はほとんどない。でもやっかいなことが起こってしまう。ぶつかった衝撃で自転車が倒れてしまうことである。1台ならばすぐに起こせるが、ドミノ倒しのように数台が倒れてしまったときには、自転車の主へのやるせない気持ちに駆られてしまう。

点字ブロックを塞いでいるのは自転車だけではなく、人であることも多い。その上に立って友だちや知り合いと話し込んでいる人、ケータイを見ている人、待ち合わせしている人と様々である。駅前のタクシー乗り場やバス乗り場では、待ち人の行列が点字ブロックを跨いだり、列そのものがその上にできていることもしばしばある。点字ブロックの存在が世の中の人々に認知されていないのか、それとも点字ブロックに気づかないのか、その辺のことは僕にはよくはわからない。

点字ブロックの「認知度」についてはおもしろいエピソードがある。もう30年前のことになるが、当時予備校に通っていた僕は、あるときそこで知り合った友だちと駅へ向かって歩いていた。歩道には既に点字ブロックが整備されていた。それを目にしながら彼は、「このごろの社会は人にやさしくなったね。親切だ」と言った。「こいつは社会福祉に関心があるのだろうか？」と意外に思いながら、「そうだね」とあいまいな返答をしたが、彼は点字ブロックについて言葉を続けた。「これって、人々の健康増進のために敷かれているんだよね」と。一瞬僕は絶句した。当時、世の中では「健康サンダル」というものが話題になっていた。足の裏を刺激することは健康に良いとのことで、そこに接する部分が凹凸状になったサンダルが注目されていたのである。そうしたことから彼は、点字ブロックは足の裏に刺激を与える道具であり、このサンダルを履いていなくても同じように効果が得られるよう、つまりは人々の健康増進を図るために整備されつつあるものと理解していたという。現在、人々の健康への関心はかつて以上に高くなっている。でも点字ブロックの存在をそんなふうに勘違いしている人はいないと思うのだが……。けれど、点字ブロックを塞ぐケースは今も改善されてはいない。このため、大阪の地下鉄では、点字ブロックは、視覚に障害のある人のためのものであり、その上に立ち止まらないよう注意喚起をするアナウンスが流れている。また大阪の歩道の点字ブロックには、その上に「駐輪禁止」と書いてあるものを見たことがある。こうしてみると、まだまだ認知度が低いようでもあるが、僕はそうとは言い切れないのではと思っている。つまり、点字ブロックは目の不自由な人のためのものであることを知ってはいるけれど、自身の行動とそれが結び付かないのである。要は、人々のちょっとした思いやり、他人への気配りが少なくなっている社会の結果として生じているように思えてならない。

街を歩いていて、僕たちは自転車にもう一つ悩まされていることがある。歩道が狭くても、スピードを落とすことなく僕たちのすぐ横を通り過ぎていく自転車、ほとんど音もなく接近して来る自転車に突然気づき、恐怖を覚えることしばしばである。実際、僕の友だちの中には自転車と接触し、白杖を折られたり、怪我をしたりした人もいる。全国的に自転車の運転マナーについては問題になっており、自転車を取り巻く交通事故、死亡事故が増えている。こうした中で2011年10月、警察庁は自転車の交通マナーの向上をめざすため、自転車交通秩序の総合対策をまとめた。歩道での歩行者の安全を確保するため、これまでは原則として「幅２メートル以上の歩道」で認めてきた自転車の通行を「幅３メートル以上の歩道」に見直す。自転車利用者には不便、かつ場合によっては車道を走らねばならないことになり、かえって危険を伴うことになるかもしれない。でも僕はこの規制を歓迎している。ただこの自転車の問題も、運転する側にもう少し思いやりと気配りがあって、歩行者と出会ったら一旦停止するなどすれば、事故やトラブルも少なくなるように思う。ちょっとした思いやりや気配りは、社会の潤滑油であると同時に、目の不自由な人には間接的ではあるけれど、大きなお手伝いにつながる。このことを少し意識してもらえるといいなと思う。

ここが肝心！

1．声かけの一言は「何かお手伝いしましょうか」で始めよう。

2．声かけするときは、相手の肩のあたりを軽くノックするように叩いてから話すと伝わりやすい。

3．駅のホームは、目の不自由な人にとって欄干のない橋。目の不自由な人を見かけたらお手伝いしよう。

4．目の不自由な人を誘導するときは、相手に、白杖を持っていない側の手であなたの肘の上あたりを掴んでもらいながら歩く。

5．言葉による案内も忘れずに！　階段の上り下りでは、その始点と終点で一度止まって階段の上り、あるいは下りが始まること、またそれが終ることを知らせる。

6．言葉による状況説明も重要！　電車を待つ列に並ぶおおよその人数、乗車の号車、電車とホームとの段差や隙間の有無などをも伝える。

コラム★目の見えない人しか知らない世界❷
IT機器あれこれ

いまやパソコンは、オフィスや家庭で欠かせないツールである。僕にとっても仕事をするうえでの必需品であり、研究室では、メールの送受信や講義のためのプリントの作成、インターネットの利用などに用いている。実際、この本の原稿もパソコンを使って書き進めたし、基本的に出張するとき、必ずパソコンを持っていき、宿泊先ではメールのチェックや書き物をしたりする。こんな風に書いていると、視覚に障害のある人が本当にパソコンを使えるのだろうか、どのようにして操作しているのだろうかと疑問を抱く人がいるかもしれない。

「視覚に障害のある人がパソコンを使おうとするとき、不便なことは何だろう？」、こんな質問をすると、最初に返ってくる答えは「キーボードの文字がわからない」であるが、これは正しくない。確かに晴眼者の中には、各キーの上に記されている文字を見ながら入力をする人も少なくないかもしれない。でも、キーボードの文字の配列は覚えてしまえば解決する。まさにブラインドタッチだ。正解は「ディスプレイ上に表示される内容が見えないこと」である。この問題が解決すれば、視覚に障害のある人もパソコンを使うことができるようになる。僕が普段使っているパソコンは、街の電気屋さんで売っているものであるが、一つだけみんなのそれとは異なるところがある。それは、ディスプレイに表示される内容を読み上げたり、入力した文字を音声発声するためのソフトウェアが組み込まれていることである。これによって、他人の手を煩わすことなく手紙を書いたり、書類を作成することができるようになった。メールの送受信も可能であり、インターネットの各種サイトにもアクセスでき、必要な情報を得られる。最近では、ネット環境も充実してきて、点字図書や録音図書を借りる場合、従来は点字図書館へ電話をするなどして郵便で送ってもらっていたが、インターネットのサイトから申し込んだり、デジタル化された点字や録音図書は直接ダウンロードして読むこともできる。このように、パソコンは視覚に障害のある人にとって、不便さをある程度解消してくれ、個々の可能性を広げてくれる機器であると言える。

もう一つ、ケータイも日常生活で不可欠なものになってきた。視覚に障害のある人にとって、ケータイは、電話のみの使用ならば特に問題ないが、メールやその他の機能を使おうとすると、パソコン同様、入力文字と画面上の内容を読み上げる装置が不可欠になる。複数のメーカーから多種多様なケータイが発売されているが、メールやiモードでのページの内容を読み上げたり、操作上の音声ガイドを装備した機種はごく僅かで、購入時の選択の幅は限られている。視覚障害のある人が所有するケータイのほとんどが「らくらくホン」であるのは、このためである。機種を選ぶ楽しさは得られないものの、とりあえずケータイを利用し、晴眼者同様に恩恵を受けられることは何よりである。けれども技術の進化は留まるところを知らず、次々と進展していく。最近のケータイの世界ではスマートフォンが主流になりつつあるが、画面上の表示に触れて操作するこの種の機器は視覚に障害のある人にはまず使えない。スマートフォンを使えないことで視覚に障害のある人が不利益を受けてしまうことのないよう、速やかな機器の開発が待たれている。この点からも、一つの製品を開発するとき、年齢の違いや障害の有無によって、その製品を使えない人が出ないようにデザインしたり設計するユニバーサルデザインや共用品の考え方の広がりと浸透が求められている。

第3章

ここで、そこで、いたるところで シーン別実践法

ここまでの話を通して、目の不自由な人の日常での不便さ、街を歩いたり、駅を利用したりするときの危険なことなどについて、大まかではあるが理解してもらえたと思う。そこで、そうした場所で目の不自由な人を見かけたら、そして、その目の不自由な人が迷っていたり、不案内そうに見えたならば、ぜひとも声をかけ、誘導または手引きのお手伝いをしてほしい。この章では、お手伝いの基本的な方法を場面ごとに紹介していくことにしよう。

1　フラットな場所や道で

駅のホームや構内、または駅周辺や商店街等、フラットな場所はいろいろにある。そうしたところでの基本的な誘導方法は既に前章の駅ホームの項で紹介しているので、ここではそのおさらい。

あなたがお手伝いすることになったならば、あなたはその人の横に立ち「行きましょう」などと声をかけながら肘を相手に接触させるか、手をとって肘の少し上を握ってもらい（図9)、斜め半歩前に立つ。このとき、誘導する側の腕は軽く体に付けて、自然に下に下ろすか、軽く曲げ、歩くときは振らないようにする。相手は、利き手側に白杖を持つので、あなたは反対側に立って誘導することになる。あなたと相手との身長の差が大きいときには、肩に手を置いてもらうこともよいが、異性との場合は、他者から誤解されることもあるので注意しなければならない。僕は、妻より身長が10cm高いので、通常は妻の肩に手を置いて歩く。今から10年前のこと、大阪で午前９時ころ妻に手引きされ歩いていた。もちろん、いつものように肩に手を置いてである。すると、後ろから来た大阪のおじさんに「よう、朝からアツいなぁ！」と言われたことがある。おじさんには僕が持っていた白杖が見えず、離れがたいカップルに見えたのかもしれない。僕の場合は夫婦だから、こんな言葉をかけられても問題ないが、支障のある人もいるはず。だからと言って、後ろから抱え込んだり、手をつかんで引っ張ったり、白杖をつかんで誘導することは、目の不自由な人を動きにくくさせたり、不安を与えることになるので、してはならない。他人の場合は、やはり肘の少し上辺りを握ってもらうのが妥当であり、実際、互いに疲れにくい方法である。腕の握り方には個人差があり、ほんの軽く触れる程度に握る人、強く握る人、様々である。けれど、一般に強く握るときは、相手が緊張していることが考えられるので、歩くことに不安をもっていると思われる場合は、ゆっくり歩くようにしよう。

誘導しているときは、環境の変化や周囲の様子などを説明しながら進む。このとき気をつけねばならないことには次のようなことがある。

(1) 二人分の歩く幅を意識する。
(2) 肩の力を抜き、リラックスして歩く。
(3) 周囲に気を配り、安全に配慮する。混雑したところでは、前から来る人、後ろから追い抜いて行こうとする人や自転車にも目を配る。

(4) 歩く速度は相手に合わせることが基本。

(5) 頭上にも危険がある（**図12**）。特に背丈の差があるときにはなかなか気づきにくいもので、突き出した枝や看板などに相手をぶつけないようにする。

これで準備はO.K.

図12

2 階段や段差で

世の中、いたるところに階段やちょっとした段差がある。これらは車いす利用者にとっては大きな障壁となる。昨今では、ベビーカーを押している人やキャリーバッグを持った人をよく見かけるようになったが、そうした人たちも階段や段差に不便を覚えていることと思う。僕も階段はあまり好きではない。それは体力的なことによるのではなく、視覚障害をもっているからである。つまり、階段や段差は踏み外すこともあり、そうした場合、状況によっては怪我につながることもあって好まない。上りの階段や段差はそれほどではないが、下りは気づきにくかったりして危険度が高いため特に好きではなく、スロープが併設されていればできるだけ、そちらの方を歩いている。

階段には、駅などで見られるように規則性のあるもののほか、踏み幅の広いもの、不規則なもの、螺旋状になったものなどいくつかのタイプがある。このうち、規則正しい階段はそれほど支障はないが、これ以外のものの場合、歩きにくさはこの上なく、それらに出くわしたときには少なからず緊張し、段数が多ければ閉口してしまう。そんな階段での誘導は、基本的に次のように行なう。

階段に近づいたら、階段があることを知らせる。このとき、気をつけねばならないのは、単に「階段があります」ではなく、上りか下り階段のどちらであるかを伝えることである。また5段くらいまでの段数の少ない場合ならば、その数や、1段の高さ（高い、低い）なども知らせるとよい。

階段を上る場合は、階段に対して直角に近づき、直前で止まる。「階段、上ります」と声をかけ、1段上り、相手が1段目に足をかける（**図13**）のを確認してから次の段に進む。あなたは、常に相手よりも1段先を上るようにする。上り終わったら、一旦止まり、階段が終ったことを伝える。相手が上り終わるのを確認してからまた歩き始めるようにしよう。

階段を下りるときは、踏み外すとそのまま落ちたりすることもあるので、慎重に誘導する。上る時同様、直角に階段へ近づき、直前で止まる。下りる階段があることを相手に伝え、あなたが1段下りて止まる（**図14**）。相手が1段目に足を下ろすのを確認してから次の段に移る。このとき、あなたは常に1段先を下りることになる。下り終わるとそこで一度止まり、階段が終ったことを伝え、相手が下りるのを確かめてから歩き始める。階段によっては手すりが付いていることもある。人によっては、これを使用することもあるので、使うかどうか相手に確かめるのもよい。

段幅の広い階段では、リズミカルに上り下りすることができないので、段ごとに上り始め（下り始め）、それが終ったことを知らせることになる。不規則な階段では常に声かけしながら上り下りする。歩道などの段差も、階段同様に声かけをし案内をしよう。

図13

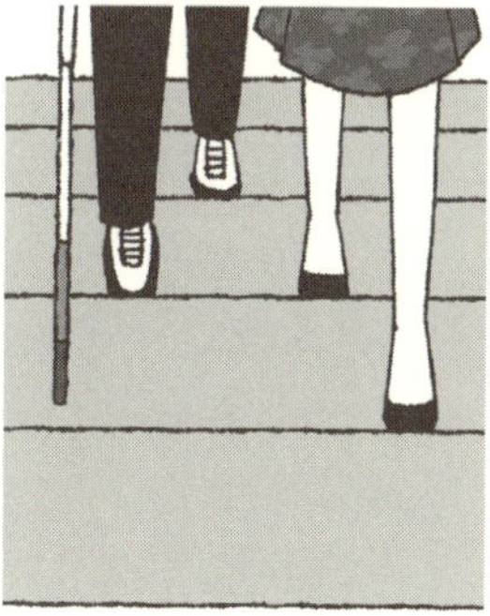

図14

3 狭いところを誘導する

既に紹介したとおり、目の不自由な人を誘導するときは、誘導する側とされる側が二人横に並んで歩くのが基本のスタイルになる。けれども、街には二人分の幅のない狭い通路や場所がある（**図15**）。朝夕の通勤時をはじめ、混雑している場合には二人分の幅を確保できないことにもなる。通勤電車は別として、新幹線や在来線の特急電車、バスなどのドアも一人分の幅しかないために、二人並んで乗り降りすることは難しい。こうした場所を通るときは、一時的に横並びから縦一列、つまりは、相手にあなたのすぐ後ろに回ってもらって歩くようにする。このとき、通過場所に差しかかった時点であなたは握られている自分の腕を後ろに回し、相手にあなたの真後ろにくるように（**図16**）なってもらう。そのうえで、一人分の幅を保ちながら足元に気を付けてゆっくり歩く。目の不自由な人の中には、後ろに手を回しただけで狭い場所の通過であることがわかる人もいるが、安全のために声に出して説明することも忘れないようにしたい。そう、「狭いところですので私の後ろに回ってください」などと一言添えるとよい。あなたは後ろに回した腕を背中に付ける。目の不自由な人はその手首を持って腕を伸ばし、二人の間隔を保つ方法が一般的である。けれども、この方法を知らない人も少なくないので、持ち手の位置はそのままにして、あなたが横向きになって後ろに注意をしながら歩いたほうがよいこともある。あるいは、コンサートホールや映画館の座席通路などでは、二人が横向きになって歩くほうがよいこともある。通過し終えたら元のスタイルに戻ろう。

図15

図16

4 ドアを通過するとき

22世紀の未来から来たドラえもんは、不思議な力のある数々の「ひみつ道具」を持っている。それらの中で僕が一番ほしいものは「どこでもドア」である。今さら説明するまでもないが、これは片開き戸を模した道具で、目的地を音声や思念などで入力した上で扉を開くと、その先が目的地になる。また、ドアのノブに意志読み取りセンサーが組み込まれているので、場所の指定は「いつもの空き地」と言えば野比家の近所の空き地になったり、「どこでもいいから遠く」と言えば適当な場所になるなど、曖昧な指定もできるらしい。つまり自由に行動できない目の不自由な者にとっては、「どこでもドア」があれば、何ら迷うことなく目的地に辿り着くことができる。いや、歩く必要性はなくなるので、安全な移動を100％保障してくれることになる。ただ、そうなると運動不足になって肥満が進行し、BMIの数値が上昇していくことが心配なだけ。さし当たり、僕の場合「いつもの居酒屋」として、意志読み取りセンサーが頻繁に機能することは疑いのないところである。と、夢想しながら歩いているとドアにぶつかり、現実に引き戻された。

公共施設等を利用すると、いくつかのドアに出くわす。よって、目の不自由な人を案内していると、ドアを通過せねばならないことも必然的に生じてくる。ドアには前方・

手前に開くもの、左右にスライドするもの、自動ドア、回転ドアといくつかの種類があり、それぞれに応じた案内が必要となる。

一般に、目の不自由な人を案内していてドアを通過するときは、まずその前で立ち止まり、ドアの種類を伝える。そのうえでドアが左右、手前、向こう側どちらに開閉するかを知らせる。あなたの側に戸袋やドアの付け根がある場合は、あなたが空いているほうの手でドアを開け、ドアを押さえてその状態を維持する。相手がドアにぶつからないよう注意し、通過したら止まってもらい、あなたがドアを閉める（**図17**）。反対に、あなたが取っ手側のときは、ドアを通過した後で一旦止まり、あなたが向きを変えてドアを閉める。ただこの場合、あなたがドアを開け、通過後、相手に閉めてもらっても（**図18**）かまわない。

開放状態にあるドアや自動ドアの場合は、ドアを通過することを伝えるだけでよいが、自動ドアは確実に開くのを待って歩き始める。また回転ドアは、一つの仕切りにスペースがあって、二人が同時に入れるならば一緒に通過するとよいが、回転ドアは誘導しにくいので極力避けたい。

図17

図18

5 車への案内

目の不自由な人の誘導では、自家用車やタクシーに案内することも少なくない。これらの車は、バスとは異なり車内が狭く、通路もないので手引きしながら一緒に乗り降りすることができない。このため、乗る前、相手に必要な情報を伝え、それに基づいて行動してもらうことになる。

そもそも僕たち目の不自由な者が車に乗るときの不便は、座席の向きがわからないために、乗り込もうとしてもスムーズに行動できないこと、もう一つはタクシーなどのように車高が低い場合、乗るとき天井の高さが見えないために頭をぶつけてしまうことである。そこで乗る前、最初に伝えたいことは車のタイプと向き。タクシーならば特に言わなくてもどんな車であるのかイメージできるので支障はない。けれども車にはタクシーのようなセダン以外にワゴンタイプのものやRV車などもあり、車種によってドアの開閉の仕方もスライドであったりする。また車高も車によって異なるので、足の踏み出し方も自ずと変わってくるために、車のタイプを知らせることが大切。また車の向きを伝えれば座席の向いている方向がわかるので、乗り込んだ後の行動も取りやすくなる。

次に、タクシーのような車ならば、相手の片手をドアの内側、もう一方の手を屋根に導き（**図19**）、頭をぶつけないように気をつけながら乗り込んでもらう（**図20**）。ワゴン型でステップのある車ならば、白杖でステップを確認してもらい乗り込む。その後、あなたは安全を確認してドアを閉める。

降りるときは車の前後の安全を確認し、ドアを開けて先に降り、相手を待つ。ワゴン型など車高の高い車の場合は手すりを使って乗り降りするが、前かがみにならないと頭をぶつけるので声をかけて注意を促す。

図19

図20

6 バスの乗り降り

バスは電車とともに身近な市民の足であり、自ずと利用することも多いと思う。最近では高速道路の整備も進み、高速バス路線も充実している。こうしたことから、目的地によっては時間的に、経済的に電車や新幹線より便利な場合もあり、近距離に留まらず、長距離の移動でもバスを利用することが少なくない。

バスは、ドアの位置やその幅、ステップの有無やかたちが近距離・長距離バスによって異なる。例えば市街、ならびにその近郊を結ぶバスでは、ほとんどの場合、ドアは前方の運転手さんの傍と後方の２箇所にある。さらに後方のドアは前方のそれに比べ幅がやや広い。バリアフリーの浸透もあり低床バスも普及してきて、ノンステップバスやステップが一つしかないバス、従来のバス（これを僕は密かに高床式バスと呼んでいる）と様々である。一方、高速バスやリムジンバスのドアは１ヶ所で、トランクルームを大きく取っていることもあり、ハイデッカーでステップも従来の高床式バスよりも多い。通路幅も近郊バスより狭くなっている。ともあれ、バスでは二人並んで乗降したり、車内を移動したりできないので、狭いところでの階段の昇降法と誘導法を駆使して案内することになる。

近郊バスに乗るとき、まずはノンステップバスかどうか、次に、ステップがあるバスならその数を知らせ、あなたが先に乗る（**図21**）。人の流れに合わせようとか、通勤時間帯であれば速やかに行動しようとの気持ちが起こりかねないが、ここは、相手のペースに合わせることが安全上特に必要である。落ち着いて対応したい。もっとも、最近では理解ある運転手さんも増え、接遇もよくなりつつあるので慌てることはない。座席に案内するときは、一人掛け用か二人掛け用かを説明し、イスの背に相手の手を導き、触れてもらえば座る方向（イスの向き）を判断するので後は相手に任せる。

図21

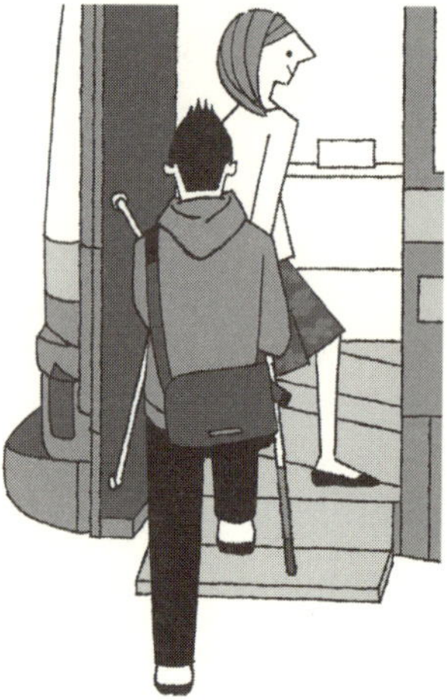

バスの乗降で最も配慮しなければならないのは、路面とステップとの高さ、歩道とバスとの距離である。これらは、バスが停車する位置によって大きく異なる。歩道のすぐ近くに停車した場合には、ステップとの間は縮まり直接に乗降できるが、歩道から離れた場所で停車するとやっかいである。この場合は、一旦車道に降り、その後歩道に上がることになる。このとき、バスのステップと車道との間には一定の高さが生まれ、高速バスなど車高のあるバスでは、それが一層高くなるので気をつけねばならない。あなたが先に降り（**図22**）、場合によっては対面して手を差し出すことも求められる。ドア傍の手すりを使ってもらうのもよい。大切なことは、その場に合った説明や声かけを忘れないことである。

図22

7 電車の乗り降り

電車への乗り降りの案内は、前章の「駅でのお手伝いその2」で少し紹介したので、ここではおさらいとまとめ。

目の不自由な人との電車の乗り降りでは、電車とホームとの隙間や高さが駅の事情や車両によって異なるので注意が必要である。電車とホームとの隙間は、ホームの構造が原因となっていることがほとんどであるので、大規模な改修がないかぎり解消されない。このため、首都圏や東海道新幹線の駅の場合、隙間があって危険な駅のいくつかでは、電車がホームに入ったとき、自動的に注意を喚起するアナウンスが流れるので、そのことに気づきやすい。けれど、そうした設備のない駅も多いので、誘導時はどれくらいの隙間があるのか足元を確認し、そのことを相手に伝えることが求められる。一方、車両との高さは車いす利用者やベビーカーへの配慮もあって、新型車両では以前に比べ縮まっている。でもそれは首都圏や近畿圏、名古屋圏での場合が多い。地域によっては、電車とホームとの間にびっくりするほどの高さが平然とあって、目の不自由な人はともかく、高齢者や足の不自由な人はどうするのだろうと考えてしまうこともある。また在来線の特急やローカル線の列車では、バスのように車両の中に一つステップがあるものも走っていて、本当に様々である。

電車に乗るときは、ドアに直角に近づき横に並んでもらい、ホームと車両との間に隙間や高さがあれば、そのことを伝える（**図23**）。「少し空いています」「少し段差があります」でもいいし、「15㎝くらい隙間があります」「30㎝くらい段差があります」などとだいたいの数字で言うのも僕たちには想像しやすくて助かることもある。階段の昇降と同様、相手の足元に注意し、声をかけて一緒に乗り降りする（**図24**）。白杖で確認したり、白杖を持っている手で手すりを持ってもらうこともよいだろう。ただ、ラッシュ時など乗降客が多くて、後ろから押され、かえって危険になることもあるので、これは状況に応じて。車内に空席があれば案内し、ないときは手すりや吊革の位置を知らせてほしい。新幹線や特急電車では、ドアの幅が通勤電車よりも狭いので、乗り降りでは狭いところでの誘導法で案内しよう。

図23

図24

8 エレベーターで

　駅をはじめ公共の施設では、エスカレーターとともにエレベーターの設置も進んでいる。目の不自由な人が一人でエレベーターを利用する場合、不便なことはいくつかあるが、最も大きな問題は、自分が行きたい階数ボタンがどれであるかわからないこと、もう一つは、エレベーターが止まったとき、そこのフロアがどこかわからないことである。これらの問題を解消するために、公共施設のエレベーターでは階数ボタンがわかるようにボタンの横に点字表示がなされ、ドアが開くときには到着フロアを音声で知らせてもくれるものが増えてきた。けれどもオフィスビルや商業ビル、ホテルでは、この種のエレベーターはまだ多くないために、一人で行動していて戸惑うことも少なくない。むしろ、これらの場所で点字表示と音声ガイドのあるエレベーターに当たると感動すら覚える。そんなわけで、僕は一人で出かけていてエレベーターに出くわしても、以前に乗ったことのない場合は極力利用を避けている。でも誘導を受けているときは、そういった問題はないので安心して乗ることができる。

　ところで、一般にエレベーターのドアは１か所しかないので、目の不自由な人を誘導していてエレベーターを利用する場合は、乗ったときに方向転換が必要になる。エレベーター内が空いていれば、目の不自由な人を中心軸にして時計回りに回転すれば問題はない。けれども、混雑しているとそうもいかない。この場合は降りるとき、他の人が先に降りていき、スペースができたところで行なえばよい。

駅などのエレベーターには最近、２か所にドアのあるものもある。そのことを知らずに乗って、降りるときに一瞬戸惑う人がいるが、このタイプのものは方向転換が不要になるので、車いす利用者やベビーカーを使う人たちを含め、目の不自由な人を案内するときにも大変便利である。そういえば、エレベーターによっては壁に鏡の付いたものがある。なぜなのだろう？　決して身だしなみを確かめ、整えるためではない。答えは、そう、車いす利用者がエレベーターを降りるとき、背後の様子がわかるよう、バックミラーの役割を果たしているのである。もちろん、身だしなみを確かめてもマナー違反にならないのは言うまでもない。

9 エスカレーターで

社会におけるバリアフリー化が進むにつれ、駅など公共の場ではエスカレーターの設置が増えてきた。加えて新しく開通する地下鉄は、地下の深いところにホームがつくられるために、改札や地上出口までの間に必ずと言ってよいほどエスカレーターが設けられる。心理的にもエスカレーターがあれば、これに乗りたくもなる。

エスカレーターは足元が動いているので、目の不自由な人を誘導するとき、その利用を避けて階段を利用したほうがよいように思う人がいるかもしれない。でも、適切に誘導すれば危険なものではない。どちらかというと、僕はエスカレーターが好きであるし、一人で歩いているときもエスカレーターがあれば、基本的にそれに乗るようにしている。つまり、階段なら前方からやって来る人にぶつからないようにと気を遣いながら上り下りせねばならない。けれどエスカレーターに乗ってしまえば、絶対に前方から人が来る心配がないので安心していられる。そう、エスカレーターは突然に停止することがない限り、階段を利用するより安全であるかもしれない。もちろん、エスカレーターに対して晴眼者にも好き嫌いがあるように、目の不自由な人の中にも僕のようにこれを好む人と、そうでない人がいる。そこで、目の不自由な人を誘導していて、エスカレーターが現われたときには、これを利用するかどうか相手の意向を確認するようにしよう。

　エスカレーターには、二人が同時に横に並んで利用できるものと、一人分の幅しかないものとがある。二人が並んで乗り降りできるタイプの場合、そのエスカレーターが上りであるのか下りであるのかを伝え、エスカレーターにまっすぐに接近する。そのうえで「乗ります」と声かけして同時にステップに乗る（**図25**）。ステップの継ぎ目の上（デパートなどのエスカレーターでは黄色い線になっていることもある）に足が乗っている場合、そのまま進むとバランスを崩して危険になる。そこで、正しくステップに足が乗っているかを確認し、必要に応じて前後に移動してもらうよう声かけする。乗り降りするとき、あなたは手すりであるベルトを持つと姿勢が安定するので使うようにしたい。また相手にも、白杖を持っている側の手で手すりのベルトを持ってもらい（**図26**）、一緒に乗り降りするのもよい。

図25

図26

降りる位置が近づくとそのことを知らせ、同時に降りる。駅などのエスカレーターでは、歩く人のために片側を空けることが多い。このときは、同時に乗った後、すぐにあなたは１段上のステップに上がり、片側を空けるようにしよう。降りるときも、そのままあなたが先に降り、相手を待って誘導を続ける。

一人分の幅しかないエスカレーターでは、相手に先に乗ってもらう。このとき、あなたの腕を握っていた相手の手を手すり（ベルト）に導き、同時にステップにしっかり乗っているか足元に気をつける。また降りるときは、終点に近づいていることを伝え、降りたところで待ってもらうようにしよう。ただし、下りエスカレーターではあなたが先に乗り、相手の安全を確保する。このときも、先に乗ることを相手に忘れずに伝えよう。

エスカレーターに似たものに動く歩道がある。これを利用するときも、基本的にはエレベーター同様に行なえばよい。

10 非常時に

20世紀に別れを告げ、新たな世紀を迎えたとき、今世紀こそは平和で平安な世界であってほしいと多くの人が願ったと思う。もちろん、僕もその一人である。けれど、その願いは虚しく早々に打ち砕かれた。残念ながら国同士の対立や紛争、民族同士の争いは今なお続く。2001年の9.11同時多発テロは、世界中の多くの人の記憶に残る最たるものの一つである。崩壊したニューヨークの世界貿易センタービル78階にあったコンピュータ関連企業のオフィスには、全盲の男性が勤めていた。マイケル・ヒングソンさんがその人で、当日も彼は7時50分に出社し、会議の準備をしていた。８時46分の航空機のビル激突後、傾きかけたビルから、彼は盲導犬ロゼールに誘導され、同僚と1463段を下りきり、奇跡的な脱出を遂げた。地上に下り建物から離れたとき、ビルが崩れ始めたと言う。このときの体験は『サンダードッグ』（燦葉出版社、2011年）として著している。

一方、天災による被害も後を絶たず、特に僕たちの国では地震大国を裏付けるかのように今世紀に入っても中越地震や中越沖地震、能登半島地震や岩手・宮城内陸地震など大地震が頻発し、大きな被害をもたらしている。中でも2011年の3.11東日本大震災は史上希にみる天災であり、人災とも言える原発事故を誘発し、多くの尊い命が奪われると同時に、深刻な被害を引き起こした。復興は思うように進まず、今なお不便な生活を強いられている被災者は少なくない。

この大震災の犠牲者の9割以上は津波によるといわれるが、その後の調査で視覚に障害のある人々は、家族か近所の人に助けられ、避難したと答えている。このことは、津波が押し寄せた地域にいて助けの得られなかった方は犠牲になった可能性が高いことを物語るものでもある。犠牲者のうち、障害のある人々の数は明らかではないが、聴覚・視覚障害者の死亡率は一般の約2倍との発表もあるなど、被災時の避難のあり方についての課題を提起している。人災にしろ天災にしろ、それらに遭遇したとき、多くの人々はパニック状態に陥る。それはやむを得ないことであるが、避難するとき一瞬、周囲を見渡してほしい。そして、そこに視覚に障害のある人がいたならば、声をかけて一緒に行動していただけると幸いである。

また一般の避難所での生活は、いわゆる共同生活である。便宜上、衝立で仕切られて居場所が確保されるものの、プライバシーの保障は難しく、落ち着いて休むことができない。その他、いろいろな制限を受けたり、気遣いなど非日常の連続で、多くのストレスを抱えることになる。障害をもつ人、とりわけ視覚に障害のある人の場合は一層大きなストレスを引き起こす。それは視覚障害によってもたらされる移動と読み書きの不自由がそこでの生活の各所で障壁を生むことになるからである。広い空間を仕切っただけの居場所は通路がわかりにくく、変動したりするために、トイレ等必要最小限の単独行動を困難にさせる。配給物など生活上欠かせない情報は掲示板に貼られることがほとんどであるために、必要な情報が得られず、取り残されてしまう。これらは、阪神・淡路大震災や東日本大震災で当事者や支援者から指摘された事項であり、避難とともに災害時の課題になっている。全てを周囲の人々の協力に委ねることは決して望ましいことではないが、一方で、全てを行政が対応すべきこととして投げるのも何だか杓子定規で寂しさを覚える。互いに負担のない関係、支援ができればと願うばかりであり、ここはまず、視覚に障害のある人々の災害時の問題を少しでも理解いただくことが先決であるように思う。後は、その場のあなた次第かもしれない。

ここが肝心！

1．誘導者は目の不自由な人の半歩前に立ち、肘の少し上を持ってもらう。

2．歩く速度は、基本的に相手に合わせ、二人分の幅と高さを意識する。

3．狭いところでは縦一列になり、ゆっくり通過する。

4．階段は直角に近づき、上りか下りかを伝え、その始まりと終わりで一旦停止し、それを確認してから歩き出す。

コラム★目の見えない人しか知らない世界❸

点字ブロック、日本から世界へ

今や、日本では駅のホームや階段、コンコース、街の歩道や横断歩道前、公共施設など、さまざまなところで当たり前のように点字ブロックを目にする。けれども海外へ出かけてみると、日本ほどではないことに気づく。そう、日本は点字ブロックの敷設距離世界一である。なぜって、それもそのはず、点字ブロックの祖国というか、その誕生の地は日本だからである。

点字ブロック、正式には「視覚障害者誘導用ブロック」と言う。その誕生は1965年で、岡山県出身の三宅精一（1926 ～ 1982）が友人の失明をきっかけに発案・発明した。世界で最初となる点字ブロックは1967年3月18日、岡山県立岡山盲学校に近い国道2号（現：国道250号）原尾島交差点周辺に敷設された。この場所には2010年3月、「点字ブロック発祥の地」の石碑が建てられた。

点字ブロックには「誘導ブロック」と「警告ブロック」の2種類があり、それぞれ形状や役割、敷設箇所が異なる。誘導ブロックは進行方向を示すもので、形状から「線ブロック」とも呼ばれ、歩道や駅のコンコース、建物へのアクセスルートに敷かれている。これに対して警告ブロックは危険個所や誘導対象施設等の位置を示すもので、形状から「点ブロック」とも呼ばれる。階段の始点と終点、横断歩道前、誘導ブロックが交差する分岐点、案内板の前、障害物の前、駅のホームの端などに敷設されている。

点字ブロックが社会にお目見えしてしばらくは製造会社もごく限られていたが、その後、複数の会社の参入により、いろいろな形や大きさの点字ブロックが出回るようになった。しかし、これは利用者にとっては混乱を引き起こす元になり、かえって危険な事態を招いてしまう。そこで2001年、ブロックの突起、形状、寸法及び点の配列に関す

コラム★点字ブロック、日本から世界へ

る統一した企画としてJIS化がなされた。また、基本的な敷設の仕方についてもガイドラインが示されている。

ある調査(※)によると、日本の最北端に設置されている点字ブロックは、北海道の宗谷岬で、同最南端は沖縄県の波照間島空港と言う。その敷設は国内のみに留まらず、海外へも広がっている。アジアでは、韓国・中国・台湾・シンガポール・マレーシア・タイなどで、ヨーロッパでは、イギリス・フランス・ドイツ・ベルギー・スペインなどに加え北欧のスウェーデン・デンマークなどで、北米ではアメリカ・カナダ・メキシコで、南米ではブラジルで、オセアニアではオーストラリア、ニュージーランドの国々で導入されている。僕も実際海外に出かけ、点字ブロックに接することが少なくない。イギリスでは、鉄道が通っていない小さな町でも、横断歩道の前に点字ブロックが設置されていて、驚くと同時に感激した。ただ残念ながら、僕はここに挙げた国の全てを訪ねているわけではないが、僕の渡航歴から言うと、海外では警告ブロックが主で、誘導ブロックはあまり目にしない。海外へ普及し始めた当初は、日本製のものが用いられていたと聞くが、最近では自国で製造されるようにもなり、色や形が日本と異なるものも少なくない。でも、マナーである点字ブロックの上に物を置かない、その上で立ち止まっておしゃべりをしないことは世界共通である。

(※)『点字ブロック —日本発　視覚障害者が世界を安全に歩くために—』徳田克己・水野智美、福村出版、2011年

おわりに

大学教員である僕の仕事を集約すれば、人の前で話すことと物を書くことと言えるかもしれない。だから、この本を書く話をいただいたときも、半年余りで書き上げるつもりだった。けれども、実際は書き始めてからペンを置くまで1年余りを要した。それは、一つに僕の日常業務の忙しさによるところがあるものの、文章を書く上でも苦労を強いられたところが少なからずあったことは否めない。編集者からは、やさしい言葉でわかりやすく書くようにとの強い要請があり、僕としてもそれに異論はなかった。そして、そのつもりで書き進めたが、編集者は「文章が硬い、理解しにくい」と何度も修正を求めてきた。正直、この本の執筆は、本業で論文を書くよりも難しさを感じた。ときに「大学教員とは、やさしいことを難しく話したり、書いたりする人たち」と揶揄されることもあるが、僕もその一人であったことに気づかされた。だからと言って、できあがったものが読み手にわかりやすいものになっているかどうかは怪しく、自信は全くない。読者の皆さんの忌憚のないご意見や感想を素直に受けるのみである。

ところで、本文で紹介したマイケル・ヒングソンさんは、著書の中で「視覚障害はハンディキャップではない、私としては何か自分といつも共に歩んでいるようなものだ。本当のハンディキャップとは、人々が視覚障害者に対する差別から生まれるものだ」と述べていて、本当に言い当てている。だって、僕たちは四六時中、目が不自由なことを、視覚障害があることを意識しながら生活しているわけではない。ときどき、視覚障害からくる不便さを感じるのであり、そこでちょっとした援助が得られればハンディキャップにはならないのである。マイケルさんはこうも言う。「私は未だに夢を信じている。私は一人一人がお互いに思いやり、冷静な判断、尊厳を持って向き合えば幸せに生きてゆくだろうと思っている。私には希望がある」と。この部分でも大変共感する。この本を書いている間も、駅や電車内、横断歩道の前などで見知らぬ方々のさりげない援助を受け、人々のやさしさ、思いやりに接し、感謝に堪えない場面は何度もあった。一方で、やさしさ、思いやりを受けながらも、それが適切でなかったために大変残念に思ったことも少なくない。静岡駅で新幹線に乗るため並んでいたときの出来事もその一つである。列車の到着に合わせ列が動き始めたとき、突然僕の上着の袖が前方に引っぱられた。驚いた僕は「どうかしましたか？」と声を出し、その手を払おうとした。すると、引っぱった主と思われる傍らの男性が「乗るんでしょう？」と言った。それを聞いて、見えない僕への親切として誘導しようとしたのかと解釈し「はい、ありがとうございます」と返答した。結果、男性はそれ以上のことはせず、僕よりも先に新幹線に乗り込んだ。このとき、もし男性が上着を引っぱらず「一緒に乗りましょう」とか「お手伝いしましょうか」などと一声かけてくださっていたら、状況は変わっていて、僕はその男性に誘導されながら乗車していたと思う。男性の行為は確かに思いやりのあるものであった。けれども冷静な判断と尊厳を持って向き合っていたかと問われれば、そうとは言いがたく、残念でならない。「袖振り合うも多生の縁」という諺がある。僕たちはいつの間にか「縁」を生かすきっかけづくりが下手になったのかもしれない。この本は、そのきっかけづくりのお手伝いをする目的も担っているが、達成できたかどうかは、これまた心許ない限りである。でも僕自身はこの本を書くことを通じ、視覚障害のある自分を、また社会の中で視覚に障害のある人たちが生活していくことについて、改めていろいろな視点から見つめ直したり、考えたりする機会を得た。それは、今後の僕の仕事や生活に少なからずプラスの影響をもたらすものであり、この本を企画し、執筆を勧めてくださった編集者に御礼申し上げる次第である。その編集者・久保田雄城さんは、原稿提出の遅れ気味な僕に決して催促することなく、温かく見守り、激励くださった。この点でも精神的に大いに助けられ、感謝せずにはいられない。

この本が世に出るまでには、多くの方々の協力があったことは言うまでもない。特に、イラストレーターの山本香織さんは、文章を補うためにわかりやすくてすてきなイラストを提供くださった。研究室でアシスタントを務めている塩沢奈美さんは、あれこれと僕が仕事をお願いし、てんてこ舞いしている中でも、いつも嫌がる顔を見せず、僕がエディターで書いたテキストファイルを校正し、レイアウトして提出用原稿に整えていった。この場を借りてお礼を述べたい。ありがとうございました。

最後に、妻・礼子は常に僕が執筆できる環境を整え、ときに原稿に対して素人の目からアドバイスをくれたり、細かな校正をするなど陰に日向に僕を助けてくれた。心から感謝している。ありがとう。

2013年1月　立花明彦

【著者紹介】

立花明彦（たちばな・あけひこ）

静岡県立大学短期大学部社会福祉学科准教授。
1961年、広島県生まれ。筑波大学大学院修士課程修了。
神奈川県総合リハビリテーションセンター、
社会福祉法人日本点字図書館を経て、
2001年、静岡県立大学短期大学部に赴任、現在に至る。
著書に『視覚障害者の介護技術改訂新版』（YNT企画、共著）、
『中途視覚障害者のための点字入門』（日本点字図書館、共著）、
『新訂　図書館概論』（東京書籍、共著）、『図書館サービス概論』
（学芸図書、共著）などがある。

何かお手伝いしましょうか
～目の見えない人への手助けブック～

初版 1刷発行●2014年 6月30日
　　3刷発行●2025年 4月 5 日

著　者
立花明彦

発行者
薗部良徳

発行所
㈱産学社
〒101-0051 東京都千代田区神田神保町3-10 宝栄ビル
Tel.03（6272）9313　Fax.03（3515）3660
http://sangakusha.jp/

印刷所
㈱ティーケー出版印刷

ISBN978-4-7825-3346-8 C0036

カバーデザイン　山口昌弘
本文デザイン　若松隆（ワイズファクトリー）
カバー&本文イラスト　山本香織
企画・制作　久保田雄城（ラートビー エディトリアル）